El método EDP

El método EDP

John Danen

Published by John Danen, 2023.

While every precaution has been taken in the preparation of this book, the publisher assumes no responsibility for errors or omissions, or for damages resulting from the use of the information contained herein.

EL MÉTODO EDP

First edition. December 17, 2023.

Copyright © 2023 John Danen.

ISBN: 979-8224339006

Written by John Danen.

Tabla de Contenido

El método EDP 1

Introducción. 2

Todo podría ir mucho peor. 5

Los pobres te quieren pobre. 6

Los tontos te quieren tonto. 8

¿No te gusta tu vida? ¡Mejórala! 9

Tú tienes el poder de cambiar las cosas. 10

¿No eres capaz de cambiar nada? Entonces haz que no te afecte nada. 11

El error de pensar, "Si a ti no te gusto yo eres un imbécil" 12

Si a ti te gusto yo eres inteligente. 14

La sociedad de la superficialidad. 15

Les gusto mientras piense igual que ellos. 16

Dando a esa chica la oportunidad de su vida. 18

Los buenos chicos. 19

Los trabajos. 20

Escapar de la mujer. 22

Los calzonazos. 23

No puedes agradar a todo el mundo, agrádate a ti mismo. 24

Transición a los nuevos métodos. 25

El masoquismo femenino. 28

El método EDP. 30

¿Por qué las chicas quieren a la estrella? 31

¿Por qué les gusta una estrella distante? 32

¿Por qué eres peligroso? 34

El método EDP. 36

¿Cómo me di cuenta de esto? 37

El método EDP en sí. 40

Ser bondadoso. 46

Cierre con el método EDP. 47

El método EDP Dark. 48

¿Cómo se aplican los métodos EDP y EDP Dark?...........52

El descaro..56

El método JD light...57

El método JD mixto...60

Los nuevos métodos...61

Errores implementando los métodos EDP, EDP dark y JD dark y JD mixto y JD light..62

Ejemplos prácticos...64

Juego interno para usar con los métodos EDP. 67

Interacciones...68

Fin...69

¡A jugar!...71

Este libro lo dedico a mi tio Mochi (dep), a Nandai (el nuevo francés), a Naren, a Daniel, a Maru, a Natalia, a toda la gente que conocí en Argentina, a todos los argentinos y a esa gran ciudad que es Buenos Aires.

Introducción.

Antes de explicarte las bondades de este nuevo método y sus variantes, voy a hacer un poco de hincapié en la humildad, porque si no se nos puede ir la olla demasiado. Así que te voy a poner aquí unas cuantas ideas y conceptos que creo que tienes que tener también en tu mente para ser un poco humilde y no aplicarlo desde la jactancia y la chulería. Todo esto lo tienes que saber también para ser una buena persona y no un engreído jactancioso, así que lee todos estos capítulos previos al método y el método funcionará mejor.

La única realidad de todo es que tú has creado tu mundo con tus pensamientos. Modificando estos pensamientos puedes modificar tu realidad.

El propósito, nuestro propósito, es amarnos a nosotros mismos y crear un mundo satisfactorio para nosotros, para ello debemos de practicar el arte de pensar correctamente. No debemos engañarnos a nosotros mismos, tenemos que ver la realidad y la crudeza de las cosas. Así estaremos preparados para todo lo que nos venga. No hay mayor mal que no ser consciente de ti y tu situación en el mundo.

Normalmente seremos una pequeña cosa, uno más entre cientos de millones de personas y llevaremos una vida normal y corriente. Nadie sabe que existimos, nadie sabrá que habremos muerto, pocos nos van a recordar, y casi ninguno nos va a valorar, esa es la realidad de ti y de todo el mundo.

Hubo personas que conquistaron imperios, hicieron gestas impresionantes o descubrimientos grandiosos, o dirigieron naciones poderosísimas, pero ni siquiera esos son recordados. Tienes que saber desde ya que tú tampoco vas a ser recordado a no ser que hagas algo tremendamente grande. Nuestra gloria es efímera, pasajera, e insignificante casi siempre. Esto no significa que si nosotros queremos hacer algo importante no lo podamos hacer, por supuesto que sí, todo lo podemos, pero que lo normal es esto, la insignificancia, la nada, somos en realidad granos de arena en una playa kilométrica.

Ahora bien, dentro de nuestra insignificante y efímera vida hemos de ser lo más felices que podamos. Pienso que hacemos el bien a través de la valoración de nosotros mismos, pues si no nos valoramos a nosotros mismos nadie nos va hacer ningún bien, nos van a tratar muy mal. Por eso antes que valorar a nadie, debes valorarte a ti, aunque seas insignificante. Todos estamos aquí por alguna causa, y si estamos aquí vamos a contribuir a este mundo tratando de moldearlo de acuerdo a nuestros intereses todo lo que podamos. A veces, de la insignificancia, lo imprescindible es que tú vivas feliz.

Así que, pues sí, tú primero, ¡por supuesto que sí! ¿A quién vamos a agradar, satisfacer y mimar más que a nosotros mismos? Nosotros somos nuestros fans, nuestros seguidores de nosotros mismos, nos amamos, nos gustamos y hasta nos excitamos viendo en el espejo lo guapos que somos.

Todo lo demás está de más, y aunque pienso que es muy bueno ser carismático y encantador, y que esto nos ayuda mucho a relacionarnos con los demás, antes de todo esto, lo verdaderamente importante es, amarte a ti mismo. También amar a quien lo merece sabiendo, que, muchas veces, ese amor no será muy correspondido y acabarás siendo traicionado, aun así, no nos importará. Todo lo demás está por debajo de lo importante, que es, que tú seas feliz.

Si a ti te gusta algo lo haces, si tú quieres algo lo consigues, no hay que resignarse nunca.

Vamos a ser unos adoradores de nosotros mismos, importándonos todo lo exterior a nuestros intereses poco, porque nada nos importa tanto como nosotros mismos y unos pocos muy merecedores de nuestro afecto.

Todo lo que pasa en el mundo son cosas que escuchamos, lamentamos, sufrimos y queremos que sean mejores, pero que realmente, excepto cosas muy cercanas, son cosas que no nos afectan en demasía. Es mejor no ver estas noticias deprimentes, así nos libramos de estar todo el día agobiados pensando en todas las desgracias que suceden. Si hemos decidido hacer algo por solucionar esto, adelante, pero sí vamos a vivir nuestra pequeña vida en nuestro pequeño lugar, y no creemos que podamos hacer nada para solucionar todos los problemas del mundo, nos centraremos en nuestras pequeñas cosas, dejando esto para gentes con más poder que nosotros.

Este no es un libro para que seas un cabrón total, simplemente es para que te ames más a ti mismo que a todos los demás, para que te des cuenta de que en la vida sólo te tienes a ti, y que ni tus padres, ni tu novia, ni tus amigos, te van a ayudar. Te tienes solamente a ti, sólo puedes contar contigo, tienes que agradarte. Es un poco la continuación de "el arte de agradarte a ti mismo" pero con métodos de seducción nuevos y poderosos. Así, seduciendo, también te agradas a ti mismo,

Es un libro que consideró necesario, y aunque todo lo que diga aquí sea de persona un poco narcisista, en el fondo lo que quiero es que las personas sean felices y que se porten bien con los demás, excepto causa muy justificada.

Si nos hacemos respetar, nos valoramos y nos concedemos la importancia que merecemos, incluso creo que las demás personas nos tratarán mejor, que siendo agradables con todos, pero sin respetarnos a nosotros mismos.

Todo podría ir mucho peor.

Imagínate que estás en una cárcel de Tailandia condenado a cadena perpetua por ejemplo, donde cada día compartes celda con otros 40 tíos. Te roban, escupen, te pegan y te viola un bestia que sabe artes marciales y pesa 140 kilos. Nadie te va a ver, pasas hambre y frío, estás enfermo de una enfermedad muy grave, y ya ni siquiera sales al patio, pues tienes rota una pierna y no puedes caminar. En uno de los altercados te has quedado ciego de un puñetazo y te quedan apenas tres meses de vida por la mala salud que tienes.

¿Estás así ahora? ¿No? Pues entonces estás bien. Hay que estar contento ya que no estamos en una situación parecida a está, sino que estamos en una vida más o menos normal, tenemos amigos, salimos y hasta puede que tengamos una mujer o novia, e incluso algo podemos ligar por ahí, por lo tanto, no tenemos que sentirnos muy mal, sino que sentirnos súper bien, porque no estamos en una de las peores situaciones que se pueden estar. Así que, mientras no estés en una situación así, tienes que estar siempre súper contento y agradecido de vivir la vida que llevas ahora mismo.

Los pobres te quieren
pobre.

Un día iba a trabajar, a hacer mis cosas, a escribir mis libros, a hacer mis vídeos promocionarme, en definitiva, a tratar de labrarme un camino como escritor. Este era un día más de mi rutina en la que me había metido, trabajando una barbaridad muchos años seguidos, sacrificando hasta lo que más me gusta para poder prosperar, eligiendo de entre la diversión y el trabajo, el trabajo. Además un trabajo concienzudo, no trabajar a lo loco, sino saber qué es lo que hay que hacer y hacerlo. Me estaba machacando para conseguir alcanzar mis objetivos.

Pues bien, ese día iba a mi casa a trabajar y por el camino me encontré a dos hombres conocidos míos, no son malos hombres, tampoco son súper buenos, son hombres pues del montón, con aspiraciones pues eso, también bastante bajas. Me estaban reteniendo más de la cuenta hablando, y ya digo que no son malos hombres ni nada, pero yo tenía que trabajar y les dije,- Me voy que tengo que trabajar- entonces me sorprendió su respuesta que fue.

- No vayas a trabajar hombre, no trabajes ¿no ves que no vas a llegar a rico?-

A mí oír esto me saltó todas las alarmas y pensé -¿y vosotros qué coño sabéis a lo que voy a llegar?- así que no les hice caso, me despedí, me fui, y me puse a trabajar.

Esto es un ejemplo de lo que pasa en la sociedad, la gente quiere que estés como ellos. Si están en la miseria y en la mediocridad y ven que tú quieres salir de eso y ser alguien, te lo querrán impedir por no sentirse ellos inferiores. Quieren que seas uno más, meterte en su saco de los, ya no digo perdedores, pero por lo menos, sujetos del montón sin ambición.

Así que no escuches a la gente que no ha llegado a nada, escucha a los que si llegaron, escucha a tu yo interior que te dice que prosperes ¿Quiénes son ellos para decirte a ti lo que tienes que hacer?

Has de ser totalmente sordo a consejos de gentes sin ambición. Ponte tus metas y escúchate a ti mismo.

Los tontos te quieren
tonto.

Lo mismo que los anteriores, los tontos que quieren tonto, la gente no quiere que destaques, no quiere que seas mejor que ellos. Por eso todos tratarán de hundirte, de llevarte a su nivel mediocre. Por eso es hora de que te rebeles contra esta sociedad envidiosa que ataca a los que destacan, que tengas los santos huevos de erigirte como el mejor, el gran seductor, y vayas por ahí bien separado de esta gente que a nada va a llegar. Es hora de que seas el máster Seduction.

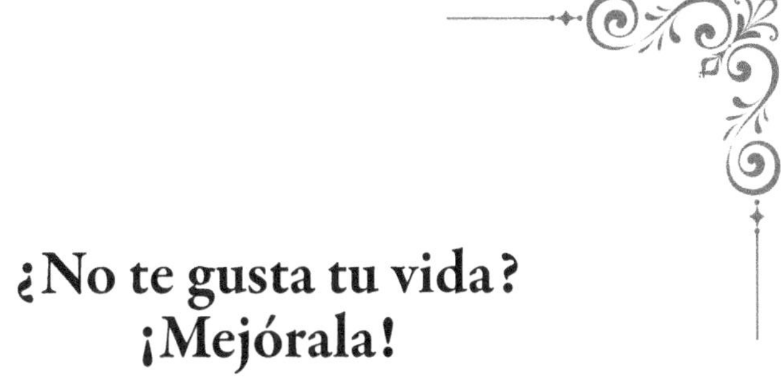

¿No te gusta tu vida?
¡Mejórala!

Si ahora mismo te encuentras atascado y frustrado y piensas que estás yendo para atrás, que tu vida no es como tú quisieras, lo tienes muy fácil; deja de quejarte y ponte en la acción de mejorarla. Haz lo que sea preciso, rompe con amigos, rompe con novias, rompe con trabajos, con todo. Tienes que tener los santos huevos para renunciar a lo que tienes ahora, arriesgarte y emprender aquello que realmente te hace ilusión.

Sin sacrificio no hay victoria. Sin ser arriesgado no se vence. Si te quedas atascado, si estás acomodado y no tienes ganas de hacer muchos esfuerzos seguirás viviendo una vida poco gratificante. Así que como dije muchas veces traza un plan, ponte tus objetivos, lucha por ellos, ponle la disciplina y la determinación que haya que ponerle. Ponte por lo menos en el camino de conseguir tus objetivos.

Qué mejor manera de mejorar tu vida que aprender e implementar los nuevos métodos de seducción que voy a contar en este libro, convertirte en un Master Seduction, en un hombre que mejora realmente su vida.

Nadie va a luchar por ti.

Tú tienes el poder de cambiar las cosas.

Al final todo depende de ti, tú eres el único que puede cambiar tu vida. A los demás no les importa lo que hagas, ni lo van a apoyar, ni lo van entender, tú eres el que conoce perfectamente cómo eres y el único que puede tomar tus decisiones, las buenas decisiones que te satisfacen a ti.

Así que no quiero que te afecte lo que diga la gente. Haz lo que creas que haya que hacer, tú tienes el poder de cambiar las cosas, de pasar de debilucho a fuerte, de tímido a seductor, de pobre a rico, de torpe a habilidoso.

Solamente aquel que cree en sí mismo tiene el poder para cambiar las cosas. Confía en ti y ponte a trabajar para cambiar lo que tengas que cambiar.

Es tu vida y nadie mejor que tú sabe lo que tú quieres.

El fucking power te guía.

¿No eres capaz de cambiar nada? Entonces haz que no te afecte nada.

Si no eres capaz de cambiar las cosas, entonces no te quejes, no has tenido los huevos para luchar por lo que querías ser, así que tienes esa vida que no te gusta pero que es la que te corresponde por tus penosos actos. Si no eres capaz de cambiar nada, por lo menos acepta lo que te suceda y estate contento viviendo en una mediocridad de vida, porque esta es la vida que tendrás, la que tú te creaste.

Recházala y consigue una mejor, o acéptala y no dejes que te afecte lo que te suceda. Ser feliz es posible. Es tu responsabilidad cambiar las cosas, si no las cambias, eso es lo que tienes. Sé que esto es duro de escuchar, pero hay que golpear las conciencias para que la gente mejore.

Un ejemplo de todo esto podía ser.

Me han echado del trabajo, no me importa, conseguiré uno mejor.

Me ha dejado la novia, no me importa, conseguiré una mejor, o no conseguiré ninguna y estaré muy bien.

Mi relación con la familia es mala, no me afecta, yo ya no sufro por nadie ni por nada.

Si eres totalmente frío duro y desapegado de todo, entonces podrás ser feliz con cualquier cosa y no necesitarás llegar a grandes triunfos para estar bien, ahora bien, ¡Esto es jodidamente difícil!

Para ser feliz, pienso que es mucho mejor, al menos intentar conseguir realmente lo que quieres. Se feliz sea lo que sea lo que hagas.

El error de pensar, "Si a ti no te gusto yo eres un imbécil"

No podemos gustar a todo el mundo. No gustamos a todas las chicas, ni caemos bien a todos los posibles amigos, ni conseguimos todos los trabajos.

Si te pones a pensar de este modo, "si a ti no te gusto eres un imbécil por no gustarte yo", entonces estaremos siempre cabreados pensando que no tenemos lo que merecemos y que somos una puta mierda de persona.

Pero si pensamos "aunque no te guste a ti, ¡so gilipollas!, yo sí que me gustó a mí mismo", entonces estaremos muy bien porque sabremos que ese imbécil que no nos ha valorado, es eso, un imbécil, y sus opiniones no tienen ninguna validez. No tiene ninguna razón y nos importa una mierda su opinión. Nosotros sí que nos gustamos a nosotros mismos.

Realmente es un imbécil y a los imbéciles no se les toma en serio, no tienen criterio y no nos debe de molestar lo que digan.

Muchas veces personas que tienen poder y se les escucha y acepta lo que dicen, no hacen sino decir cosas erróneas que nos minusvaloran.

Pero también hay que pensar que no siempre pasa esto, ¡a veces tienen razón! y realmente no valemos para ese puesto, o no tenemos lo que hay que tener para alguna cosa. Entonces en estos casos, les damos la razón y no pasa nada. Nos ponemos a mejorar estas carencias y les damos las gracias por descubrirlas. Otras veces tenemos razón y son unos imbéciles.

No podemos abusar de pensar que son imbéciles, pues si pensamos siempre así, el mundo estará compuesto por gente imbécil que manda y que siempre nos aparta de lo que queremos. Seamos razonables, a veces no están equivocados, debemos de ser humildes y reconocer nuestras carencias. Es muy fácil llamar a todos imbéciles y ser tú el único listo. Usa la lógica, si todos dicen que no vales, será que no vales **en ese momento**, no pasa nada, lo asumes y sigues luchando. Con voluntad se mejora todo.

Escudarse en un mundo hostil, en el que todos te tienen manía, es de cobardes sin autocrítica que viven alienados en su mundo irreal. Muchos de los que piensan esto están locos de verdad.

Sé listo. No te engañes a ti mismo.

En todo caso, dejemos de preocuparnos por lo que piensan los demás de nosotros. Empecemos a mejorarnos y a amarnos a nosotros mismos a pesar de nuestros defectos.

No podemos gustarles a todas, no todas caen seducidas, sino esto sería jauja, una cosa tan fácil que no tendría ni emoción ni mérito, el que haya dificultades rechazos y fracasos hace que se valoren más las victorias.

Si a ti te gusto yo eres inteligente.

Nosotros en nuestro egocentrismo, tendemos a pensar que todas las personas a las cuales les caemos bien o les gustamos son inteligentes, y esto no tiene por qué ser así. Hay personas a las que les gustamos que son idiotas absolutos, que no tienen personalidad, y a los que simplemente les caemos bien, pero esto no significa que sean personas inteligentes.

Nosotros nos creamos nuestro propio mundo y nos rodeamos de aduladores, y esto no quiere decir que estos aduladores estén en lo cierto, o que sean más inteligentes, sino que oímos lo que queremos oír.

Generalmente si eres una persona magnífica e inteligente, a las personas a las que les caeremos bien tenderán a ser así, inteligentes, pues lo semejante atrae a lo semejante. Pero sí somos unos auténticos impresentables, serán otros de este estilo a los que atraeremos y para nada serán inteligentes. En esta vida queremos creer que somos súper guays. En realidad somos sordos a las críticas y súper atentos a los elogios.

Reconoce cuando tienes razón y cuando eres un engreído que no la tiene.

Si nos damos cuenta de nuestros errores y somos justos, nos miraremos desde afuera y veremos lo difíciles de soportar que somos y el mal que hacemos, entonces estaremos haciendo un bien al mundo y a nosotros mismos. Amarnos es también reconocer nuestros errores.

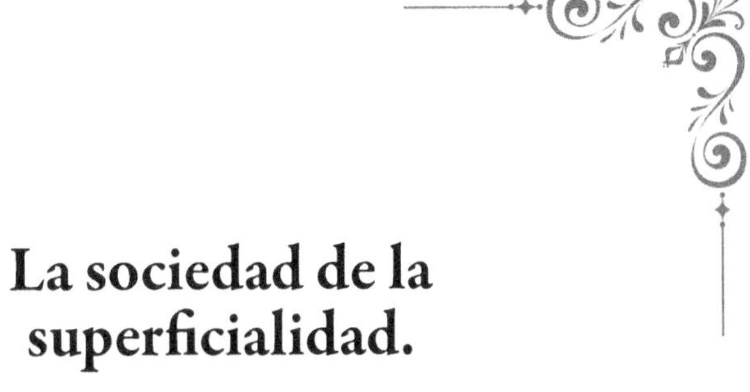

La sociedad de la superficialidad.

En esta sociedad en la que vivimos, parece que todo se mide en función del éxito económico, el patrimonio, las posesiones, los bienes, coches, pisos, motos, casas, mujeres despampanantes que conseguimos, hoteles a los que vamos, o comidas que comemos.

Se creen que la felicidad se mide por estas cosas superficiales que te encasillan en tal o cual grupo social, pero realmente lo que es importante, es que tú te ames a ti y a los que merezcan ser amados por ti. Si tú estás satisfecho con tu vida aun sin tantos lujos, serás más feliz.

Puedes ser una persona con muy pocas cosas materiales y vivir muy feliz, y también podría suceder que fueses un multimillonario totalmente desgraciado. La felicidad no está en lo material y en lo superficial, sino en tu mente, en tu actitud hacia las cosas.

Estamos en la sociedad de lo superficial pero también nosotros estamos tocados por esto y aprovechamos todo esto a nuestro favor.

Aunque seamos algo superficiales nosotros también, no pasa nada, nos lo perdonamos y disfrutamos.

Superficialidad ou yeah.

Les gusto mientras piense igual que ellos.

Así es, si vas con un grupo de amigos todo irá bien mientras pienses igual que ellos, pero en cuanto disientas en algo, des tu opinión no de acuerdo a la del resto, empezarán a cogerte manía, abroncarte, y dejarte de lado, pues no les gustará ir contigo.

Las personas nos agrupamos con personas que piensan igual que nosotros, no nos gusta oír otras versiones, no es agradable. Si no piensas como ellos no van a tener ninguna piedad en dejarte totalmente tirado, te quedarás sólo y ellos saldrán por ahí de fiesta. Nadie te va llamar porque les has contrariado.

Muchas personas por miedo a esto dan una falsa opinión suya sobre todo. Buscan agradar a los demás y no sufrir el rechazo. Estos son cobardes que no tienen personalidad, pues a ellos tampoco les gusta ir con personas que piensan diferente a ellos, personas que lo que dicen son imbecilidades. Lo pasan mal con ellos por aguantar semejantes cosas. Así que como las opiniones son como los colores, hay muchas, y tú no puedes estar cambiando tu opinión para agradar a los demás, ten los santos huevos por una vez en la vida y da tu opinión de verdad. Perderás a esos amigos que no te gustan y así podrás atraer a otros a los que sí les gustarás tú. Sé auténtico.

Al final incluso con los amigos más afines habrá discrepancias, y ya no serán tan guays, nos iremos distanciando poco a poco, hasta la ruptura final. Tienes que darte cuenta de esto, que nadie va a pensar exactamente como tú y que si ambos cedéis un poco hasta unos límites agradables para ambos, podéis ser amigos. Pero sí vamos rompiendo con todo el mundo que no piense exactamente como nosotros, al final nos quedaremos solos, pues ni una sola persona piensa igual en todo que otra.

Así que hay que tener también un poquito de flexibilidad y tragar un pequeño porcentaje de sus chorradas, siempre que no nos encontremos incómodos con esto, o estaremos solos toda la vida. Por supuesto si no te agradan nada, los mandas a todos a la mierda, pero también tienes que tener en cuenta que el que se va la mierda eres tú también, pues te va ser difícil volver a hacer más amigos, y así estarás siempre. Te vas a la mierda porque te quedas solo, pero realmente esto no significa que sea malo, puede ser excelente para encontrarte a ti mismo y para poner en orden tu vida.

Por lo tanto creo que hay que aguantarlos mientras estén en unos parámetros de sintonía aceptables.

Así es la vida, hagas lo que hagas, te agrades mucho o poco, al final acabarás solo, pues creo que las vidas son como caminos que se van separando y que parten todos de un punto inicial. Los que a los diez años eran muy cercanos, a los 20 se habrán separado, a los 40 estarán lejanísimos y a los 60 serán mundos de distancia. Todo cambia, tus amigos cambian y tú también cambias respecto a ti mismo. El tú de los 40 no es el mismo del de los 20.

El que la gente piense diferente hace más meritorio cualquier cosa que consigamos.

Dando a esa chica la oportunidad de su vida.

Creemos que cada chica que nos ligamos es una afortunada y que nosotros somos la oportunidad de su vida de estar con un gran hombre. En realidad esto es lo que pienso de verdad, pero también reconozco que soy un poco narcisista, así que la realidad real es que, si esa chica no va contigo hay otros 50000 con los que puede ir, y, y esto es lo más importante, que **una vez que ha escogido a uno cualquiera, tiende a reafirmarse en su elección,** pues a todo el mundo le cuesta reconocer que se ha equivocado. Así que aunque no te escoja a ti la chica estará feliz con cualquier mierda de hombre con el que vaya, porque ese es el que ella escogió y no va reconocer que se equivocó. Va a perseverar y va a conseguir hacerse creer a sí misma que ese es el mejor. Así que aunque realmente nos creamos los mejores y en nuestra cabeza lo seamos, en la pura realidad a ella le va a dar igual ir contigo o con cualquier otro, porque ella va a darlo por bueno en su cabeza. Así de crudo.

Si la seduces o no seduces a nadie le importa, al que menos le tiene que importar es a ti mismo. Ninguna manifestación de nuestro fucking power tiene el poder sobre nosotros. Nosotros tenemos el puto poder, el fucking power, lo que se manifiesta lo festejamos y lo que se pierde también lo festejamos. El fucking power nos da lo que necesitamos.

Los buenos chicos.

Este es el problema de los chicos malos que dominamos y tenemos a las mujeres a nuestra merced, que abusamos mucho de nuestra posición. Pero esto no dura eternamente, poco a poco las chicas se van cansando de que nunca aflojemos y seamos un poco más manejables. Las hacemos sufrir de más, al final a veces tras muchos años, algún patán consigue algo y lleva a una mujer que va de santa y de buena, pero que ha sido prácticamente nuestro juguetito. Hemos hecho con ella lo que hemos querido, él se ha enamorado de ella como un imbécil y nosotros sólo la hemos disfrutado. Al final estos pobres hombres perseveran y consiguen una mujer que ya no nos hace ninguna gracia, pues no es ni un reto ni nada nuevo. Ella no consiguió enderezarnos a lo largo de los años, estuvo ahí a nuestra merced, intentó ser nuestra novia y no pasó de ser más que una follamiga poco valorada. Que disfruten lo que no valoramos, lo que nosotros siempre rechazamos. Comida que no quiere el amo, manjar para el marrano.

En el fondo nos alegramos por la pobre chica que finalmente encontró un tonto que si la valoró, pues eso, somos generosos. Con su pan se la coma. Festejamos su perdida.

Los trabajos.

Esto sí que es una puta mierda. Generalmente en el trabajo tenemos que compartir espacio con otra gente que no hemos elegido y que para nada son de nuestro gusto. Esta gente, mejor llamada gentuza, es la que tenemos que aguantar cada puto día y realmente es una puta mierda.

Hace ya más de quince años que me liberé de trabajar para gentuzas, para imbéciles, para gente que te trataba mal, que se creían superiores a ti. Gente que son una puta mierda de personas y tienes que aguantarles todas sus impertinencias porque es lo que te da de comer. Esto es una mierda y una esclavitud de la cual debes salir lo más rápidamente posible. Mejorarás tu economía trabajando en otras cosas más provechosas, y mejorarás tu autoestima no aguantando a estos hijos de la gran puta.

Si quieres triunfar en la vida debes evitar a toda costa trabajar para nadie. A veces hay gente que es buena y estamos contentos, pero a un tipo individualista y chulo jamás en la vida le agrada esto. Piensa que estás en una posición de inferioridad, que si tu jefe te echa, tú te vas a la calle y te quedas en la miseria. Partiendo de esta posición de inferioridad no podrá haber una relación satisfactoria nunca, es un abuso, un infierno. Por eso aquí sí debes de agradarte a ti mismo y plantar cara a toda persona que no te agrade. Agrádate a ti mismo y no toleres ningún abuso. Para salir de esto ten confianza en ti y en tus capacidades y traza un plan para trabajar para ti mismo.

Que se vayan a mandar a otro.

A veces ocurre que los jefes son buenas personas y nos entendemos bien con ellos y nos tratan bien. Pero es difícil que todos los que estén en esa oficina te caigan bien. Siempre estará el típico pelota dispuesto a todo por agradar al jefe, la típica mujer que no se ha empoderado nada y que vive allí anegada descuidando su familia totalmente sumisa al jefe. El pobre hombre que al igual que esta vive para trabajar y no se respeta en lo más mínimo. Este hombre hará horas y horas extra sin que le paguen nunca nada, y apenas le reconocerán una mierda. Todos ellos serán echados sin piedad cuando convenga, y solamente el que se hace respetar, el que exige sus derechos, aquel al que no se atreven a abusar de él, pues saben que contraatacará con todas las de la ley, prevalecerá.

Siguiendo esta línea de pensamiento, y siendo congruente conmigo mismo, llevé a uno de los jefes con los que tuve que lidiar a los tribunales, por un impago que me hizo. Algunas personas no tienen el liderazgo necesario para trabajar para ellos mismos y prefieren esta sumisión, cosa que yo no comparto en absoluto, pero no todos somos iguales. Pienso que el salario que te pagan es el precio por renunciar a tus sueños, a tu vida ideal, a ser tú tu jefe, a hacer lo que tú quieres como tú quieres cuando tú quieres, a triunfar de verdad, a ser libre. El salario es el precio que te pagan por comprar tu libertad.

Aunque entiendo que haya gente que quiera está comodidad, desde luego no comparto esta idea de trabajar para otros y aquí te doy mi opinión, después haz tú lo que te dé la gana.

Ten socios gente con la que te entiendas y hagáis negocios juntos. Gente que sabe y te ayuda.

Escapar de la mujer.

El donde vivo hay un tipo muy guapo que está casado con una mujer bastante, pero bastante fea, y aparte, de personalidad muy desagradable. Yo muchas veces me pregunté ¿pero qué cojones ha visto este hombre en esta mujer? Tras mucho analizar, no pude llegar a ninguna conclusión clara más que el puro masoquismo. Está con una mujer muy por debajo de su nivel y encima muy desagradable.

Me fijé que este hombre tenía una afición que era correr y no corría un ratito, sino que corría varias horas al día, entonces lo entendí todo. Antes de estar en casa con ese horror de mujer, prefiere estar corriendo, que aunque se sufre un montón, es menos sufrimiento el estar corriendo que el estar aguantando a esa tía.

Algunos se casan y huyen de su mujer. En todo caso esto es válido para este libro, este hombre creo su vida así, con una mujer horrorosa. ¡Cosas que pasan! A veces hay cosas que se me escapan y que no entiendo por muchos años que tenga y mucha sabiduría que adquiera. Lo que se puede sacar en limpio de todo esto es que correr es mejor que estar con esa.

El por qué se ha casado con esa es un misterio que sobrepasa las mentes más agudas de la humanidad. Se montó un comité de expertos de la nasa junto con varios gurús de crecimiento personal indios y volvieron sin ninguna respuesta totalmente abatidos.

Sigue corriendo Forest, ve a buscar a Buba.

Los calzonazos.

¿Te has dado cuenta que mientras no tienen novia tus amigos van contigo a todos lados, y hasta son un poco pesados, que no te los despegas nunca, y que cuando consiguen una novia, desaparecen como si se hubiesen ido a Mongolia, y no los ves en quince años, aunque vivan a dos calles tuyas?

Eso es lo que pasa, esto amigos, es ser un calzonazos. Cuando un hombre normal se casa, desaparece por completo para todos sus amigos y se entrega en cuerpo y alma a su mujer. Me parece muy triste y muy lamentable que se hagan estas cosas. Que por miedo a ella, por agradarla de más, se dejen a los buenos amigos. Me parece indignante. Así que a estos amigos que desaparecen por causa de la novia y que vuelven a reaparecer en cuanto la pierden, les dices ¿no tenías novia? Pues vete con ella, a mí no me has llamado en años. No estamos aquí para aguantarlos cuando no tienen nada que hacer. A los amigos hay qué cuidados y si no se cuidan, ¡puerta! ¡A tomar por culo! ya basta de ser bueno y aguantar gentuza.

No puedes agradar a todo el mundo, agrádate a ti mismo.

Cantaba Scooter una canción excelente al principio del siglo -"you can´t please anyone, so please yourself". Si vas por ahí agradando a uno, agradando a otro cambiando de opinión para agradar a la gente, serás un pelele y nadie querrá ir contigo ni confiará en ti, porque un día dirás una cosa y otro día la contraria según con quien hables. Serás un apestado, un tipo que no se sabe por dónde va a salir, que no puedes confiar en él.

Sin embargo, si eres una persona que se agrada a sí mismo y que dice lo que piensa de verdad, te surgirán detractores y sabrás quien es la gente que no piensa como tú, pero también te surgirán seguidores. Serán estos la buena gente con la que si te gustará estar. Serás auténtico y apreciado por ello. Hay muchos peleles que no tienen personalidad ni carácter. Tipos que pretenden agradar a todos y lo único que hacen es desagradar absolutamente a todos y ser repudiados por todos.

Ten personalidad, ten tu punto de vista y exponlo, no seas un agradador. Una de las cosas peores de la vida es ser una persona sin carácter que va por ahí agradando a imbéciles.

Transición a los nuevos métodos.

Bueno espero que con estas explicaciones iniciales te hayas vuelto un poco más humilde, bondadoso y condescendiente y además también respetuoso de ti mismo. Ahora llega el momento de superarnos a nosotros mismos, de hacer algo nunca antes hecho, de contrariar todas las normas de seducción y de ser grandiosos.

Ahora voy a explicar los nuevos métodos que he desarrollado fruto de mi trabajo de campo.

Todo lo que os cuento lo he desarrollado y puesto en práctica exitosamente, por locas que sean las acciones, ¡funcionan! Ahora bien, te advierto que estos nuevos métodos requieren de muchísima más seguridad en ti mismo, ya que no son métodos tan amables con las chicas, sino que son métodos dark, muchas veces desafiantes y difíciles de poner en práctica. Si no tienes una seguridad en ti mismo enorme no te saldrán bien, pues muchas veces lo que cuento es desagradar precisamente a las chicas, y sé que muchos lo harán mal y serán expulsados rápidamente de la interacción.

No está mal el método, está mal la implementación. Si esto se hace con el fucking power a tope, con la seguridad en ti mismo, con el encanto y el carisma de la verdadera estrella, del que se **cree de verdad grande** y poderoso, funcionan. No es aplicar el método y ya está, hay que hacerlo con el carisma y el encanto con esas armas casi todo funciona, incluso aunque estés confrontándolas fuerte. De verdad **confía en mi,** yo lo he hecho, he hecho maravillas, maestrías increíbles con estos métodos porque tengo el autoconcepto de estrella bien puesto en la cabeza. Tú también lo puedes hacer, es todo cuestión de mentalización. Haz todo bien hecho, si lo haces mal te va a dar unos resultados espantosos.

Usa el método JD y cuando lo tengas bien dominado pasa a los demás: jd Light, JD mixto y después al JD dark. Cuando estés cómodo con este método, pásate al EDP y por último al EDP dark.

El método JD lo puede hacer casi cualquiera, da resultados y es un método fácil.

Para el método JD dark necesitas tener mucha más seguridad en ti mismo, ser menos influenciado por sus encantos, ser valiente y atreverte a confrontar. Estos resultados dark serán, cuando se haga bien este método, mucho más poderosos que el JD normal.

Antes tenías un método solamente, a lo largo de 23 libros sólo desarrollé uno, aquí en este libro desarrollo cinco nuevos.

Esta vida pasa y si tú no tienes el valor para comportarte del modo que te gustaría comportarte, de ser alguien magnífico, de ser la estrella, de ser alguien especial, de sentirte orgulloso de ti y tus triunfos, ¿quién coño lo va a hacer? Es tu fucking vida es tu responsabilidad.

El momento es ya, esta es tu vida, si no haces lo que realmente te hace ilusión serás un fracasado toda la vida. Este método EDP te permite ser la estrella, brillar, llegar muy alto, aprovéchalo.

Todo esto por loco que parezca lo hago por ellas y por vosotros, porque a ellas les gusta así, porque siendo agradador de más no les gustamos, porque les gusta el tipo que les dice que no, y que es un desafío para ellas.

Con todo esto lo que quiero es que las mujeres disfruten y lo pasen bien, soy un defensor de ellas y aunque con los métodos se las pinche un poco, esto es superficialmente, nunca les hacemos una ofensa grave, sino que jugamos con ellas, pinchándolas un poco, en el fondo somos sus grandes defensores, las amamos, queremos y respetamos. Por eso les damos lo que dicen que no quieren pero que necesitan, lo que de verdad desean, el chico malo encantador que las hace rabiar y las vuelve locas de amor. El Master Seduction.

El masoquismo femenino.

Fue precisamente una mujer, llamada Helene Deutsch, la que escribió varias obras científicas donde se defendía que la mujer era masoquista, es decir, que le gustaba sufrir. Esto no lo hizo un hombre, ni un machista, ni nada de eso, fue una mujer discípula de Freud, la que escribió en 1930 "La significación del masoquismo en la vida mental femenina", también escribió "Psicología de las mujeres" en 1945. Ella sabrá por qué dijo esto, pero desde luego no fue una cualquiera la que lo dijo, sino una psicóloga muy reputada. Estas obras por supuesto no sé muestran hoy a la gente porque no son políticamente correctas, pero ahí están les guste o no.

Basándome en estas obras científicas y sobre todo en la experiencia que les da la razón, construyo mis métodos. Creo en esta verdad realmente, sí, pienso que son masoquistas, no a tope, pero un poco masoquistas sí. Para obtener la respuesta sobre el por qué de este masoquismo tendrás que leer las obras de esta mujer. Ella sabrá.

Así que si lo dicen los científicos por algo será, usaremos esta debilidad a nuestro favor.

Seremos un poco malos, pero en el fondo,, buenos, usaremos estas armas, pero jamás las despreciaremos de verdad, ni las trataremos mal de verdad, es todo un juego para atraerlas a nosotros. Nosotros, los seductores somos los grandes defensores de la mujer y los que más nos preocupamos por ellas y sus necesidades. Nosotros nos sacrificamos por ellas, y sí hay que ser malos, pues somos malos, porque así les gustamos más, todo es siempre por ellas.

Los científicos han hablado, no tengo nada más que añadir.

El método EDP.

E ste método es una evolución del método JD para aquellos que han llegado a la excelencia. Es un método que no todos pueden utilizar porque requiere de un nivel alto de cualidades seductoras. Se hacen cosas que no parecen racionalmente buenas para seducir. Pero cuando uno se posiciona fuerte dominando este método, las acciones que desarrolla, funcionan.

El método JD es un método fácil y sencillo, es aplicable a cualquier interacción y dará resultados muy rápidamente. Es el método que debes de emplear más a menudo. Es un método con el cual caerás bien a las chicas y gustarás.

Este otro método el EDP es para la gente más valiente, gente a la que no le importe confrontar, incluso desagradar un poco a la chica, gente que quiere arriesgar y tener más impacto. Gente que sabe que es un método más lento que el método jd, aunque esta lentitud no sucede siempre solo en algunas ocasiones, hay otras que en las cuales el impacto es inmediato. Además un impacto mucho mayor que con el método JD.

¿Por qué las chicas quieren
a la estrella?

Ser alguien importante, o al menos alguien con una posición, o conocimientos, o vida diferente al resto, te hace ser apreciado como mejor.

No nos engañemos, las chicas quieren a la estrella, al actor de Hollywood, al famoso que sale por la tele, al cantante, ese es preseleccionado sobre todos los demás y es percibido como mejor que el resto.

Por esto he incluido este parámetro en este método, porque si eres percibido como el mejor, o al menos alguien muy bueno en algo, serás más valorado e incluso admirado, y podremos usar esto en nuestro favor para seducir.

¿Por qué les gusta una estrella distante?

Las personas, no sólo las chicas, buscan alguien inalcanzable, alguien por encima de sus capacidades y de su zona de confort, por eso esta estrella ha de ser distante, ha de ser algo bastante grande y más alta que los demás con los que ella suele interactuar.

No me estoy refiriendo con esta palabra distante a que seas alguien frío, sino a que estés lejos de su alcance, una estrella distante, muy por arriba de su nivel.

Conseguir ser esto no es fácil en absoluto. Por esto debes de buscar que capacidades te hacen único y especial, ser la estrella en algo, una estrella tan alta que es también distante. Este estrellato tendrás que poder demostrarlo, deberás darle pruebas de que realmente eres esa estrella distante, o no te creerá.

Busca en que eres el mejor, que te diferencia del resto, y si tienes eso usa esta ventaja en tu favor y se la estrella distante. Una vez que lo hayas encontrado véndete bien y cuéntale las ventajas de tu estrellato.

Si no tienes nada que te diferencie del resto, algo que pueda hacerte ser percibido como la estrella, entonces te diré una cosa, puedes adquirir algo que te diferencie y te posicione por encima de todos además en un tema realmente poderoso como es la seducción.

Tú puedes ser un Master Seduction si haces el video curso máster Seduction. Entonces tendrás tu estrellato, algo que diferencia de los demás, serás un seductor con un diploma oficial que te capacita como Master Seduction.

Esto te cualifica como estrella distante y peligrosa y debes de comunicárselo con cierta humildad, sin jactancia. Ella debe saber que eres una estrella de la seducción, incluso si todavía no tienes enormes cantidades de éxitos, pronto los tendrás aplicando estas enseñanzas del curso. Tienes los conocimientos.

Además eres una estrella bastante alta, distante y hasta peligrosa. Tú podrás decirle que has hecho el mejor curso de seducción del mundo y que ha sido validado por el mismísimo John Danen. Estas capacidades especiales que te hacen ser superior al resto en cuanto a la seducción, se las iras comunicando sutilmente, hasta que finalmente rebeldes toda la verdad.

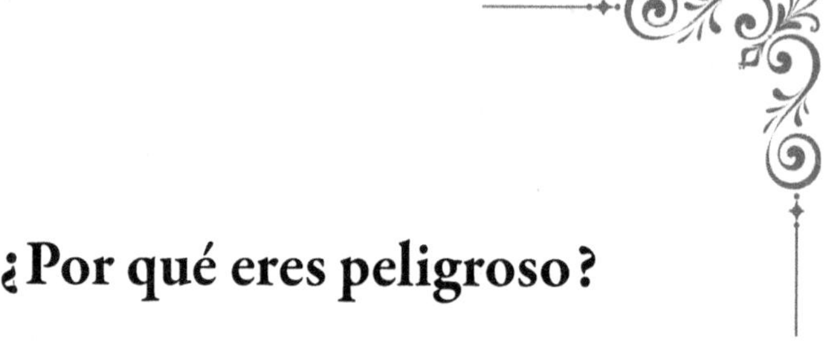

¿Por qué eres peligroso?

Eres peligroso porque tus capacidades son como las de un artista de artes marciales, pero en vez de en las peleas, en el amor. Estas validado y has recibido un diploma como alguien muy poderoso en el campo del amor. Con lo cual estas capacidades tuyas podrían ser peligrosas para ella, pues se puede enamorar de ti fácilmente. Como certifica el título, aparte de ser seductor eres también duro y encantador, con lo cual corre el riesgo de enamorarse y puede sufrir. Tú vas a ser bondadoso y no vas a permitir que ella sufra, pero corre un riesgo.

Así que eres una estrella, también eres distante porque eres una estrella de alto nivel y además eres peligroso para ella. Tú las adviertes de tus capacidades y te muestras desinteresado en ligar con ellas pues, no quieres abusar de tus capacidades, porque podrían salir dañadas si no mides tu enorme atractivo. Esta peligrosidad y distanciamiento, incluso en algunos casos prohibición que tú les haces de estar contigo, es lo que las atrae a ti.

A las chicas les excita lo prohibido y aun sabiendo que eres un mujeriego y probablemente un chico malo, querrán estar contigo. Les gusta lo prohibido, lo peligroso, lo excitante, no les gusta lo habitual, lo normal, lo de siempre.

Cuando se encuentran con un Master Seduction se encuentran con alguien muy capacitado para el amor y altamente seductor, esto supondrá un reto para ellas. Unirás también tu estrellato en algún otro campo que puedas demostrar que te hará ser el aun más reto, el objetivo a conseguir.

Tú te mostrarás desinteresado de ligar con ella, serás el reto, el hombre difícil de conseguir, el hombre que no quiere ir con ella porque está a otras cosas, alguien que se sabe muy poderoso y que a ella no le conviene demasiado pues podría caer enamorada contigo.

Este estatus de estrella distante y peligrosa crea un aura de reto que a ellas les motiva a conquistarte.

Aquí jugamos con el concepto de la hibristofilia. Este concepto dice que algunas mujeres sienten atracción hacia personajes peligrosos. Nosotros no somos delincuentes ni tipos peligrosos de verdad, pero podemos llegar a ser ligeramente peligrosos por nuestros conocimientos y enorme atractivo. Ellas pueden tener un poco de miedo de enamorarse de nosotros pues no somos el chico bueno. Este concepto es ligeramente aprovechado en este método y en general en todos los métodos dark.

El método EDP.

Este método es una evolución chulesca y desafiante del método JD. Usando este método la interacción será agradable, excepto en escasos momentos.

Nosotros nos mostramos despreocupados de ligar con ella y nos situamos por encima subliminalmente. Este método como ya he dicho es un método más arriesgado, más chulesco y desafiante, y debes de usarlo si quieres arriesgarte más, si quieres tener una fuerte pegada y hacer las cosas despacio y bien. Los efectos son más potentes que con el JD.

Pienso que su tasa de éxitos es más baja, pero su pegada mayor, es decir, que tendrás menos cantidad de éxitos que con el JD, pero aquellas que sean afectadas por estas nuevas acciones caerán fulminadas irremediablemente.

El nombre de este método proviene de estas iniciales:

E de estrella

D de distante

P de peligrosa.

Voy a narrar el por qué he inventado este método y como me he dado cuenta de que esto funciona, después contaré en detalle cada una de las acciones que componen este método.

Usaremos ligeramente a nuestro favor la hibristofilia y también el masoquismo femenino. Estas dos cuestiones son cuestiones científicas demostradas.

¿Cómo me di cuenta de esto?

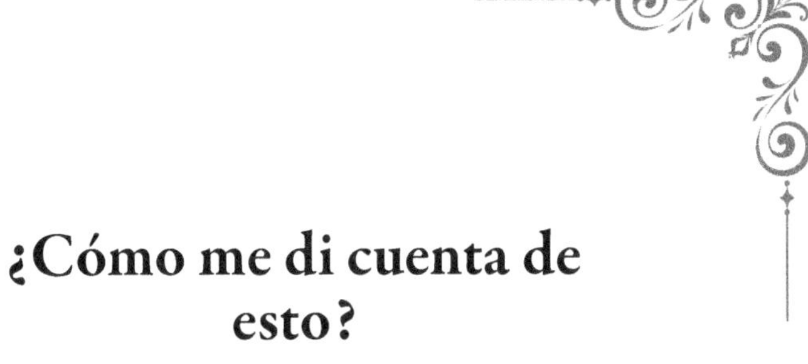

De toda la vida he sabido que a las mujeres les gusta lo de más valor, lo inalcanzable, ellas se enamoran de sus ídolos de rock, de los presidentes de los gobiernos, de personajes famosos e ilustres, de gente que sale por televisión, de personas que son expertas en algo. En definitiva de personas a las cuales admiran profundamente.

Este poder de atracción que ellas sienten hacia estas personas consideradas expertas o estrellas, es clave en lo que se refiere a su preselección.

Nosotros debemos ser alguien muy grande, alguien al que ellas admiren, y, lejos de ocultarlo, mostrar esas capacidades, este poder, este algo que a ellas les sorprende y admiran.

Ni que decir tiene que un actor de Hollywood será súper bien visto por ellas y no necesita usar ningún método, pues ya es famoso y reconocido por todas. Nosotros no tenemos semejante caché, pero con este método nos acercaremos un poco a los privilegios que esta gente tiene.

También me he dado cuenta de que a las mujeres les atrae lo prohibido y también lo peligroso, así que si unimos ese ser experto en algo, ese ser alguien importante en un tema, con lo prohibido y peligroso, estaremos generando mucha atracción ya simplemente con estas dos características

Aníbal Lecter dijo que deseamos aquello que vemos, pero yo añado que también deseamos lo prohibido, lo peligroso, lo inalcanzable, lo de más nivel. Por todo ello usaremos está preferencia psicológica para beneficiarnos de ella.

Hace muchos años estábamos el francés, el matador y yo, con unas chicas, como nos sentíamos tan poderosos y seguros de nosotros, en vez de querer ligárnoslas, lo que hicimos fue reírnos contándoles cosas muy locas y respondiendo de manera totalmente sinvergüenza a sus preguntas.

Una de ellas me preguntó.

¿John hay controles para ir a tu pueblo? (Refiriéndose a controles de alcoholemia que hace la policía para ver si has bebido alcohol), yo le respondí

-Si tranquila, hay controles, durex, prime, tengo de todo.

Quedó un poco asustada de esta respuesta tan sinvergüenza y entonces le preguntó al francés.

-¿Y vosotros a qué os dedicáis?

El francés le respondió todo serio con su acento parisino.

-Nosotros nos dedicamos, a hacer el amor.

La mujer estaba alucinada, entonces miró para el matador a ver que decía y el matador añadió

-Si, a hacer el amor, lo raro es que no lo estemos haciendo todavía.

Toda esta gamberrada jactancia y chulería, no sólo no las asustó demasiado, sino que yo creo que las sedujo, quedamos con ellas para otro día y yo me ligué a una de ellas, que fue de las más guapas de mi curriculum, además con gran facilidad. Pese a hacer todas estas locuras ellas estuvieron receptivas, así que ahí me di cuenta que el ir de estrella funciona, especialmente si le añades un toque de humor.

También me di cuenta de que un oficio o actividad que consideren como de persona de mucha experiencia en el amor, te da una posición de estrella, de alguien peligroso por sus enormes conocimientos.

Estando en Argentina rodando el curso Máster Seduction cuando interactuaba por ahí con las chicas y me preguntaban ¿a que me dedicaba? yo les decía

-Soy coach de seducción,- esto las dejaba alucinadas e interesadas en mi.

Muchas coqueteaban descaradamente, así que me di cuenta de que esto funcionaba y efectivamente funcionó. Me di cuenta de que este estatus de estrella de la seducción, de coach, de alguien que por sus habilidades es percibido como poderoso, especialmente en el amor, daba mucho poder sobre las chicas y las atraía.

Por eso tú vas a ser también una estrella, un Master Seduction diplomado, y las atraerás dando a conocer este estatus.

También puedes decir que te dedicas al amor, a seducir chicas, a ligar, les dices esto sin ningún miedo ni miramiento, esto las va a impresionar también pues eres sincero valiente y desafiante.

El método EDP en sí.

Este método, por supuesto, es una variación del método JD, una variación mucho más maléfica. Sólo lo podrás usar si dominas a la perfección el JD pues exige de más caradura, de más descaro, de más sinvergonzonería y de mucha más seguridad.

Empezaremos, ¡cómo no!, hablando del juego interno, esto es absolutamente igual que en el método jd, con la única diferencia que tú te ves en ese nuevo rol superior y tu visualización será de mucha más pegada que en la del método jd. Después detallaré un ejemplo de visualización correcto.

El despliegue en el método EDP:

Divertido.

Por supuesto, empezaremos con la acción más importante para este método y para todos, la diversión. Aquí no hay ninguna variación, serás una persona súper divertida y alegre que se lo hace pasar muy bien, y que trasmite un mundo feliz donde ella es bien recibida, aceptada y valorada.

Aunque sabes de tu enorme poderío, eres bondadoso y la unes a tu mundo, porque incluso una estrella como tú es agradable, ¿por qué no vas a serlo? Eres feliz en tu mundo de éxito y la haces partícipe a ella, la haces reír y pasárselo de maravilla. Estas acciones para que se ría las debes de practicar con tu estilo propio, usa el ingenio y creatividad para decir cosas que refuercen el ambiente festivo, de alegría y diversión en el cual estáis inmersos. Esto es todo, lo tienes que practicar tú siempre a niveles altísimos y crear tu estilo propio. A más domines el humor, más te aguantaran después tus chulerías.

Desinhibido.

Seremos desinhibidos igual que en el método JD, pero en esta ocasión mucho más todavía. En esta ocasión esta desinhibición será un poco más fuerte. Esta desinhibición será muy grande y hablaremos de cualquier tema por polémico que sea. Cuanto más contraria a sus ideas nuestra conversación mejor, más nos mostraremos independientes, indiferentes y despreocupados de ligar con ella. Esto la genera incomodidad y es malo, pero así debe ser. Vamos a impactar, a ser malotes, a no agradar casi nada en ciertos momentos.

Despreocupado.

Seguiremos con la despreocupación de ligar con ella, exactamente igual que en el método JD, seremos despreocupados de estar con esa chica pues no es el objeto de nuestro interés amoroso ni sexual. Simplemente estaremos allí con ella emanando nuestro atractivo, siendo ocurrentes y estando en una interacción la mayor parte del tiempo agradable para los dos, pero sin ninguna intención de seducir. Nunca la despreciaremos, pero si podemos atacar cosas, estaremos allí jugando con ella como juega el león con un pequeño ratoncito.

Confortable.

La siguiente acción es crear el confort que tanto necesita para poder estar contigo. Este confort tiene que ser magnífico y de mucho más nivel que el que se realiza en el método JD, pues también está mucho más incómoda.

La hemos dejado alucinada, se ha visto rechazada y poca cosa respecto a nosotros, pero ahora vamos a ser unos compañeros de fiesta estupendos, la vamos a hacer reír, vamos a preocuparnos por ella, ser atentos, ser agradables, ser encantadores de verdad y la vamos a hacer sentir muy bien siendo muy agradables con ella.

Incluso vamos, para relativizar y minimizar la declaración, previa dejando la puerta abierta al amor y dándole la razón también en sus argumentos para agradarla un poco, si vemos que está demasiado incomoda o molesta. Ella sabe que no es objeto de nuestro interés, pero se siente a gusto con nosotros.

Este método es de enormes maestros a los que no les importa realmente nada el fracaso ni el éxito, Master seductions que están jugando de verdad con las chicas y que son capaces de asumir que a alguna le caigamos fatal y nos desprecie.

Ella se siente súper cómoda, somos muy atentos e incluso la halagamos alguna vez.

La Complicidad no la usamos, o la usamos muy poco. No aparece como letra oficial.

El Descaro no lo usamos y si lo usamos es para referirnos a otras, pero más bien muy poco o nada.

Estrella.

Pero no contentos con ello, haremos más acciones bravas todavía. Poco a poco desvelaremos nuestra verdadera identidad, esto lo haremos si ella nos pregunta algo así como

-¿qué quieres?, o ¿qué estás buscando?, o ¿qué tipo de relación quieres?, o ¿eres formal?, o ¿buscas una aventura?-

Nosotros le diremos.

Yo soy un Master Seduction, una persona que se dedica a seducir mujeres, soy alguien del que es duro enamorarse, pues aunque puedo ser encantador, me dedico a esto, a seducir, pertenezco a la comunidad de seductores Master Seduction y realmente me siendo diferente al resto.

Soy buena persona pero creo que no convengo a las chicas si buscan chico formal. No busco una relación seria, pues no es eso normalmente lo buscó, aunque alguna vez también tengo relaciones serias, soy un seductor que va seduciendo hasta que encuentra el amor verdadero. Yo me debo a la seducción, a esta vida de emociones. Desde hace tiempo llevó esta vida que me es muy satisfactoria y me ha traído hasta ti. No quiero seducirte, simplemente quiero que las sepas que es difícil que me enamore y quizás no sea el indicado para lo que tú quieres, que pienso que es el amor.

Hecha esta impactante declaración, ella quedará aparentemente horrorizada o puede que ya le haya hecho efecto tanta chulería y tanta sinceridad y este siendo atraída terriblemente sin querer.

Esta declaración tendría más poder todavía si fueses coach de seducción, escritor de libros de seducción, actor porno, o cualquier cosa que sea un reto para ella, pero aun sin ser todo eso, el ser un Master Seduction le sonará muy potente y te dará crédito como seductor.

Después de esta declaración la habremos desvalorizado no poniéndola como objetivo nuestro.

La hemos sacado del foco. Nosotros nos dedicamos a seducir y ella se sentirá poca cosa, de menos nivel que tú porque pese a gustarte tanto seducir, no estás haciendo nada por agradarla, ni por seducirla, con lo cual te has posicionado como de más valor que ella, tanto por tu experiencia, como por tu declaración en el límite de lo soportable.

Todo esto nos valdrá para crearnos una enemiga si lo dejamos así, pero ahora mostraremos todo nuestro encanto de seductores sinvergüenzas y la atraeremos. una vez que la hemos debilitado con esta impactante declaración..

Bondadoso.

Finalmente la tratamos como a una hermana pequeña a la que protegemos le damos mimos y cuidados. Somos el protector cariñoso y agradable, somos efusivos, la abrazamos ,la valoramos, la consideramos una maravilla de chica, le decimos que es una tía buena, que es súper guapa, pero sobre la cual no tenemos interés en ella amoroso.

Aquí somos muy diferentes que en el método JD, con esta acción la estamos tratando de un modo cariñoso, paternal, bondadoso, le reconocemos sus méritos le decimos lo maravillosa que es. Esto lo aprendí de mi tío Mochi que era cariñoso agradable y súper valorador con las chicas. Les decía que eran monísimas estupendas y fantásticas las hacía sentir muy bien. Y de vez en cuando también las desvalorizaba un poco haciéndoles bromas graciosas como llamarlas monstruito, era el máximo representante de la escuela del carisma. Él estaba allá en lo alto brillando, siendo cariñoso, protector, carismático, haciendo sentir muy bien a las chicas y a todo el mundo que estaba alrededor de él, con una labia y ocurrencias impresionantes.

Las agarraba mucho, incluso las besaba en la cara y las tenía embobadas con un poder impresionante. Tienes que tener ese carisma para que ella se sienta de maravilla. Las enseñanzas del tío Mochi no serán en vano, yo recojo su testigo y os digo lo hay que ser para seducir.

Nunca vi a nadie con tanto carisma ni poder de atracción, era la fiesta en sí mismo y hacía sentir bien a todas personas que están con él. Un gran hombre del que debemos aprender ese carisma magnífico.

Somos súper carismáticos, encantadores, fantásticos, únicos y especiales, pero lamentablemente nosotros no estamos para esas cosas. Tú eres un Master Seduction que no quiere que esa chica se enamore de ti.

También das a entender que tenemos un poco de miedo al amor, que procuramos, bajo la apariencia de seductores, no implicarnos demasiado, porque en el fondo somos débiles y caemos enamorados también. Así que esta supuesta debilidad nuestra tiene que entreverse con nuestras acciones bondadosas, ellas deben de pensar que en el fondo es todo una fachada qué haces, pues eres un miedoso del amor. Esto las va a traer más a ti pues van a ver qué eres bueno en realidad.

De repente veremos con claridad las señales de su evidente atracción hacía nosotros. No debemos de tener ninguna prisa, es ella la que vendrá nosotros y ese día seremos bondadosos y le daremos aquello que ella desea secretamente y no se atreve a pedir, aquello que le da miedo, aquello que es un reto, lo prohibido, el chico malo, el chico sincero que no oculta lo que es, el seductor carismático que no quiere seducirla. El master seduction

Al final las letras son:

D divertido

D desinhibido

D despreocupado

C comfortable

E estrella

B bondadoso

Como son muchas letras y mucho lío, el nombre del método lo centro en la estrella, una Estrella Distante y Peligrosa.

Ser bondadoso.

Después de de tanta estrella hay que poner los pies en tierra y demostrar que somos buenos. Esto las enternecerá.

Has de ser bondadoso pero como un padre con sus hijos, o un hermano mayor con sus hermanitas. Una bondad cariñosa protectora y amistosa. Después de haber hecho todas esas maldades y haberte posicionado tan superior, ahora haces esta actitud paternalista que te posiciona también como desinteresado de ligarlas, por encima de su alcance. Somos carismáticos agradables bondadosos juguetones y sobretodo cálidos y protectores. Aquí podemos jugar mucho con el contacto físico, el abrazo y la protección que se da sin ninguna intención amorosa o sexual.

En cuanto detectes los signos de atracción ya sabrás que has ganado. Poco a poco vas siendo bondadoso y cierras.

Cierre con el método EDP.

Cuando te des cuenta de que la chica está contigo cómoda riéndote las gracias y muy cerca de ti, entonces será el momento apropiado para cerrar.

Hay que aprovechar los picos de humor para cerrar. Cuando el humor esté alto aprovecha para abrazarla, en cualquiera de estos abrazos puede caer el beso.

Con este método lo que hemos intentado es atraerla, ahora está atraída e incluso enternecida por nuestra bondad, obviamente nos damos cuenta y cerramos.

Si realmente no está suficientemente atraída, entonces usaremos el comodín del descaro.

Yo en realidad no lo recomiendo demasiado que lo uses, si estás por encima, estás por encima debes de ser coherente con tu posición de estrella, continua con el confort y la bondad carismática.

Sólo si el método realmente ha fallado podemos usar el descaro como último intento para el cierre.

Yo dejaría pasar unos días y no tendría prisa en cerrar.

El método EDP Dark.

Pensando y pensando me he dado cuenta de que puede haber variaciones en este método, e incluso en el método JD, como contaré más adelante. La primera variación es esta, el método EDP Dark.

En este método haremos las mismas cosas que en la versión normal: seremos divertidos, desinhibidos, despreocupados, estrellas, confortables y finalmente bondadosos, pero vamos a añadir un ingrediente más que las va a desagradar. Esto va a tener un efecto importante en su psique y nos va a dar un poder sobre ellas muy grande. Esta nueva acción se llama confrontar.

Confrontador.

Vamos a confrontar las cosas que diga aunque realmente no seamos así, ni pensemos así, esto lo haremos para debilitarlas. Debemos hacerlo de un modo ligero no ser un confrontador duro lo que las pondría totalmente en tu contra.

Parece muy loco que para seducir haya que confrontar, pero esto es parecido a lo que hace la gente muchas veces para seducir, que es meterse un poco con la persona que le gusta, esto lo hacen para chincharla, para fastidiarla, para debilitarla. Ahí está la clave, la confrontación debilita y te hace ser percibido como diferente de todos los demás que alaban. Ligeramente odiado, pero ya sabemos que del amor se pasa al odio.

No soy mucho del gusto de hacer esto porque me parece un poco de persona excesivamente arrogante y desagradable, pero sí se puede hacer moderadamente y después dulcificarlo.

Con esto demostraremos que no estamos para agradar, no nos importa lo que ella opine de nosotros. Estamos a otras cosas más importantes que ella, no nos importa mucho lo que ella piense o diga de nosotros. Damos nuestra opinión guste o no, especialmente si no gusta, esto la pondrá en nuestra contra y la tendrá un poco rabiosa al ver que somos alguien que a veces la desagrada, no estás ahí para reír todas su gracias y para decirle a todo que sí.

Esto tenemos que hacerlo muy medido o seremos vistos como imbéciles. Seremos una persona que no estamos para agradar sino para decir nuestra verdad guste o no. Aunque parezca increíble esta confrontación la atraerá, pues seremos alguien que no es afectado por ella ni por su belleza, Nos atrevemos a confrontar a una tía buena a la que todos dicen que sí por agradar.

Seremos confrontadores, estaremos en el límite de lo asimilable y no pasaremos de ahí, los pues sino ella nos dirá que nos marchemos, o se irá, o no querrá hablar con nosotros.

Confrontaremos pero no nos pasaremos de esa raya, finalmente diremos que respetamos su opinión pero no la compartimos y que eso es la democracia, pensar diferente.

Con esto seremos alguien totalmente distinto del resto. Pongo algún ejemplo. Una dijo que era admiradora de cierto futbolista, a mí me dio igual que no me interesa el futbol, pero vi ahí su debilidad y confronté eso.

Esto lo hice porque estaba chulesco, porque no me apetecía agradarla, porque me apetecía ser malo, por joderla y también por ganas de experimentar a ver qué pasaba, pues lo hice. Yo ya sabía que estas confrontaciones las causan un impacto psicológico y las dejan vulnerables, porque lo había hecho alguna vez en la que había salido así la cosa de casualidad, esa vez vi la gran debilidad que esto la causó tras ser confrontada.

Entonces en este caso del futbolista le dije que ese era un niñato que ganaba millones y que realmente no hacía nada intelectual, le dije que no tenía carisma, que parecía buen tío, pero que no tenía nada que admirar, que era más admirable el señor que atendía su tienda que ganaba poco dinero, o el policía que dirigía el tráfico.

Esta confrontación causó el impacto esperado, ella se sintió fuera de su marco de princesa, sintió que ya no era el premio, que yo no estaba para agradarla y que era un tio diferente, independiente y duro. Inmediatamente empezó a hacer un lenguaje corporal que rápidamente decodifiqué como de atracción hacia mí.

Crea confrontación, desagrádala, muéstrate distante totalmente de sus ideas, y finalmente blanquea las tuyas siendo más educado y entendiendo también su postura.

Con todo esto la estaremos desagradando y haciéndole ver que no estamos ahí para agradarla ni para seducirla, sino que somos un hombre con nuestras ideas bien claras, un tipo que no se intimida ni se adapta a lo que ella quiere o le gusta. Estos ataques las debilitan, las hacen sentir vulnerables, y ello por increíble que parezca las hace ponerse sensibles, blandas y románticas. La confrontas cosa que nadie hace, y ahora ella te trata mejor a ti, precisamente por esta confrontación que has hecho.

También una vez hace muchos años tuve una confrontación con una mujer a la que entré y dijo o hizo algo que me desagradó mucho, entonces en vez de quitar hierro al asunto la recriminé y la critiqué, esto la dejó impactada, se volvió menos agresiva, más sensible, blanda, bondadosa y pidió disculpas, después la noté afectada y con una propensión a una buena valoración de mi precisamente por eso, por confrontar, por ser un tipo duro que se hace respetar.

Puedes decirle la frases -como me da igual lo que pienses de mi-, o -no me importa lo que pienses-, o, -yo no estoy aquí para agradarte, yo digo lo que pienso-.

Por fuera le vas a caer muy mal, pero por dentro la vas a dejar tocada es cuestión luego de dulcificar esto para realmente atraerla.

Si la confrontación ha sido excesiva y está muy enojada, entonces le dices que ha sido todo una broma. En este caso habrás sido un gilipollas que la ha desagradando de más y has tenido que recular. Lo habrás hecho muy mal, no se trata de que la chica se ponga totalmente a la defensiva u ofendida, se trata de pequeñas confrontaciones, pequeñas cosas, que muchas veces, si vemos que le hemos hecho un excesivo agravio, decimos que son bromas.

Esto no me gusta hacerlo en exceso, ni siquiera hacerlo, pero bueno como estoy innovando, creando nuevos sistemas de seducción, tengo que contarlo porque realmente funciona. No te excedas confrontándola, pero si usas esta técnica tampoco te quedes corto, mete humor, quita hierro a todo lo que digas después, entiéndela y se muy bondadoso finalmente para enmendar toda esta confrontación.

Entonces el método EDP Dark queda así:

Divertido.

Desinhibido.

Despreocupado.

Confortable.

Estrella.

Confrontador.

Confortable de nuevo.

Bondadoso, tipo protector y cariñoso.

Tardará en ser seducida, pues es un método un poco más a largo plazo, pero a veces puede caer seducida a la primera interacción.

¿Cómo se aplican los métodos EDP y EDP Dark?

Estos métodos funcionan solamente si la chica puede ser vista en más ocasiones, es decir si tenemos un teléfono o contacto, o sí sabemos dónde encontrarla con regularidad. Después de esta primera toma de contacto tan impactante haremos que toda la velada sea magnífica para ella y nos despedimos en plan caballeroso y atento para que ella se sienta bien, pues estas acciones que la hacen sentirse mal deben de ser hechas muy poco tiempo porque son muy impactantes, mientras que el resto del tiempo, seremos unos magníficos y agradables hombres atentos con ella y hasta ligeramente caballerosos.

El ataque que la hicimos la debilita sus defensas, la hace sentir vulnerable y esa vulnerabilidad se la has creado tú con tu confrontación, después aun has sido más jactancioso y te has situado en un plano tan superior que se ha sentido poca cosa, después hemos enmendado todo esto con nuestra magnífica actuación de caballeros agradables siendo confortables y bondadosos.

Nos despedimos de ella sin ninguna intención de cerrar y **la dejamos olvidada**. Esto es importante, esperaremos a que ella de señal de vida, si no hace nada dejaremos pasar una semana para nuestra próxima interacción. Esto demostrará que estás a otras cosas, que tienes otras preocupaciones. Y realmente así será, tus otras preocupaciones serán hacerle lo mismo a otras tantas, a las que también dejarás olvidadas.

Las dejas solas y ellas vuelven a ti. Vuelven porque te has convertido en una especie de estrella de neutrones o agujero negro que las atrae, irremediablemente. Esto es diferente a lo que hacen todos los demás y sí has sido poco desagradable y luego muy agradable, habrás hecho bien el método EDP o EDP dark y ellas te llamarán y querrán verte.

Cuando las veas les puedes hablar de otras chicas que te ligaste o de tu vida sin descanso como si fuesen tus amigos, sin preocuparte para nada de seducirlas, todo esto las irá dejando en shock y llegará un día en el que estarás con ella como el buen amigo, pero en este caso no serás el buen amigo que está por debajo de ellas, sino el buen amigo que está muy por encima de ellas.

Te fijaras en su proximidad, en su mirada, en gestos de evidente atracción hacia ti y como hemos sido malos, castigadores, chulos y jactanciosos, pese a intentar ser humildes, los ahora seremos bondadosos y le daremos aquello que ella desea secretamente y no se atreve a pedir. Ese día le daremos lo que necesita, le daremos a nosotros mismos, entonces aplicaremos la B de bondadoso y besaremos a la chica. Caerá fulminada pues ya sabe quién eres y es casi seguro que esa misma noche también te acuestes con ella pues esta entrega que realiza ahora será total.

Y más o menos esto son los métodos EDP y EDP dark, ahora voy a profundizar un poco más poniendo ejemplos explicando cada una de las acciones correctamente para que tú lo entiendas bien y no hagas una actuación mala.

En tu cabeza debes tener el estado happy, estar contento siempre, aunque confrontes y vayas de estrella se preocupado por ella preocupado por su bienestar, por no hacerla daño, porque el fondo eres bueno y quieres que esa chica no sufra, por eso no te ofreces, por eso no vas a ella, por eso la intentas alejar de ti.

Creo que estos métodos son de un poderío enorme y si la chica es lo suficientemente atraída se crean unos los vínculos muy buenos, pues has sido su protector, la has advertido, y aun así se ha entregado. Vas a ser muy bondadoso con ella. Es una valiente que pese a saber que eres un hombre que se dedica a lo que se dedica, valora que te portas bien con ella y que no la mientas.

Al final puede hasta surgir el amor pues esta chica que se va a entregar tanto puede ablandarte ya que ves que realmente eres buena persona. En tu discurso debe quedar también subyacente la idea de que en el fondo buscas el amor, pero que para encontrarlo maximizas la cantidad de chicas que conoces, así lo encontrarás más rápido. En el fondo somos sensibles y buenos. Si esta chica nos ha gustado mucho entonces le diremos que por ella dejamos toda nuestra dedicación porque ya hemos encontrado a la chica ideal y nos concentramos en ella, pues es alguien especial. Así que con estas chulerías y acciones bastante problemáticas, puede también surgir el amor.

También debes de hacer creíble tus declaraciones. Si le dices que eres un seductor, que te dedicas a seducir y luego te ve necesitado, blando, e inseguro, o de escaso atractivo, no te va a creer.

Es importante que trasmitas tus cualidades bien trasmitidas, para que no duden de que realmente seas un Master Seduction. Por ello, para darle más credibilidad a tu afirmación, cuando hagas el curso máster Seduction se te entregará un diploma que te acredita como Master seduction, y lo podrás enseñar a esta chica.

Esto que parece un poco loco, funciona, no te recomiendo que lo estés haciendo siempre, es mejor usar el método JD, solamente alguna vez en la que te apetezca experimentar, ser mucho más duro y seducir de un modo más arriesgado, puedes hacer este método. Si lo haces bien conseguirás un triunfo mucho más contundente que con el método JD. Quien no arriesga no gana.

Es importante no estar todo el tiempo jactándote de tus seducciones y ser un arrogante e imbécil. Solamente hay que mencionarlo un poco y no estar todo el rato siendo orgulloso y jactancioso de ello. Debes de potenciar el confort muchísimo pues también el ataque y atracción que has hecho es mucho más fuerte, y si te pasas te va a rechazar de plano, y llamar imbécil o lo que sea. Lo sabes, sabes que esto puede pasar.

También puede pasar lo que te he contado, que caiga enamorada pérdida. De tu buen juego dependerá el resultado, no del método que en sí es bastante fiable.

Desde luego no se lo digas una feminista o a alguien así, pero tampoco tengas miedo de usarlo.

Debes de ir con humildad, con buena voluntad de ayudar a las chicas, con voluntad de ser positivo para la sociedad, no te vendas como un depredador. Muéstrate cómo alguien que es experto en el amor como si fueses un karateca cinturón negro que tiene una escuela de artes marciales, o que es el maestro en un arte marcial muy buena. Adviértelas, pero no presumas de ello. Sé humilde y bondadoso con las chicas. También puedes variar bastante esta confrontación según qué chica sea, si te excedes serás percibido como un ser mezquino, si te quedas corto no le harás el impacto emocional que las debilita.

El descaro.

El descaro debe ser desechado de este método porque si somos una estrella ¿cómo vamos a ir detrás de ella siendo descarado?. Las estrellas y más aún si son dark tienen una valoración de sí mismos muy alta y no intentan seducir a las mujeres con las que están, sino que lo que hacen es atraerlas hacía ellos.

Si alguien usa el método EDP o EDP dark, y le añade también el descaro está haciendo una cosa bastante loca, ir de estrella y confrontarla en el caso dark, incomoda bastante, para encima seas después descarado con ella.

Yo creo que eso sería un error total, porque la hemos ofendido demasiado y después de esta ofensa necesita un tiempo para sanar sus heridas, y ser atraída hacia nosotros con nuestra actitud carismática. Una actitud también confortable e incluso bondadosa con ella, después de semejantes acciones.

Sí encima somos descarados estaremos, pienso yo, ofendiendo demasiado, y no vamos a seducirla para nada, será una incoherencia y un error grave, así que no se te ocurra añadir el descaro a ninguno de estos métodos. Pues ya llevan los componentes de chulería demasiado altos y no admiten ninguna acción chulesca más. Ambos funcionan de modo indirecto y a un plazo más bien largo.

El método JD light.

Consiste este método en mezclar el método jd con la bondad del EDP y de este modo hacerlo más suave añadiéndole esta b de bondadoso. Es un método que solamente se puede usar con chicas especialmente buenas. Chicas a las que trataremos de modo cariñoso, dulce, protector y bondadoso. Seremos como su hermano mayor que no quiere nada amoroso con ellas. Este método sólo se puede aplicar de modo indirecto jamás ser descarado y directo

En el método jd light seremos:

Divertidos.

Desinhibidos.

Despreocupados.

Confortables

Bondadosos

Cómplices.

Descarados. No lo seremos, es un método de luz.

Cerrar en este metodo es más difícil pues omitimos el descaro y nos jugamos el cierre con la escalada de tocar y estrechar distancias

EL MÉTODO JD DARK.

Ya tenemos dos nuevos métodos, ahora voy a sacar un tercero el JD dark que junto con el método JD, harán un total de cuatro métodos de seducción.

El método JD lo puedes usar en el estilo directo o indirecto. No sé porque me apetece ser un poco malo y voy a subsanar algún defecto pequeño que todavía tiene el método jd.

En el método JD tenemos.

Divertido.

Desinhibido.

Despreocupado.

Confortable.

Cómplice.

Descarado en caso de ser necesario

Es un método rápido que genera atracción, buen rollo, buen ambiente, le caes bien a la chica y eres alguien agradable, indiferente un poco en alguna ocasión, pero agradable, porque siempre somos carismáticos. Pero ¿qué pasaría si quitamos la complicidad, que en realidad es una blandeza, en realidad es algo que hacemos para vincularnos a ella, algo que nos delata nuestras intenciones de ligar con ella?, y si, ¿en lugar de la complicidad, usamos la confrontación, una confrontación pequeña y moderada mezclada con el humor?.

Yo creo que esto mejora el método y nos hace ser vistos como más malos, más arrogantes, más despreocupados de ligarla y a la postre, más atractivos.

Entonces no voy a repetir todo el método, sino simplemente decirte que puedes usar el método JD en su versión Dark aplicando la confrontación, como expliqué anteriormente.

Entonces el método JD dark queda así.

Divertido.

Desinhibido.

Despreocupado.

Confortable.

Confrontador.

Confortable de nuevo.

Descarado en caso de ser necesario

En este orden estaría bien. No tardes en aplicar el confort o el exceso de chulerías la apartaran demasiado y luego no podrás crear el suficiente.

Una vez confrontada quitarle hierro a tu confrontación y vuelve al confort.

Pienso que el método JD en esta variante dark es aún más poderoso, pues tienes ese efecto debilitador que te da la confrontación.

Úsalo con mujeres chulas, mujeres un poco creídas de más, para rebajar sus altas valoraciones propias.

Para mujeres más bondadosas es mejor el método JD estilo normal.

Con esta variación el método JD se une a la dark seducción y se vuelve un método JD oscuro, más malévolo pero pienso que con más pegada.

Creo que este método JD dark es el segundo mejor método de todos.

El método JD mixto

El método JD puedes aplicarlo en modo dark o en el modo normal. También puedes **mezclar ambos** y usar la complicidad en algunos momentos y la confrontación en otros, experimenta, usa armas de luz y también de oscuridad.

Creo que este método es el mejor de todos.

Divertido.

Desinhibido.

Despreocupado.

Confortable

Confrontador/ cómplice.

Confortable de nuevo.

Descarado en caso de ser necesario

Sé a veces bueno y a veces malo. Premia y castiga, domina la interacción.

Si la cosa va como nos gusta creamos complicidad, si la cosa va como no nos gusta, creamos confrontación. Vamos a ser grandes, vamos a llevar las cosas por dónde queremos.

Este es el mejor método de seducción posible, es súper importante Aquí no lo explicado nada porque ya está explicado por todos los demás. Usa este método siempre.

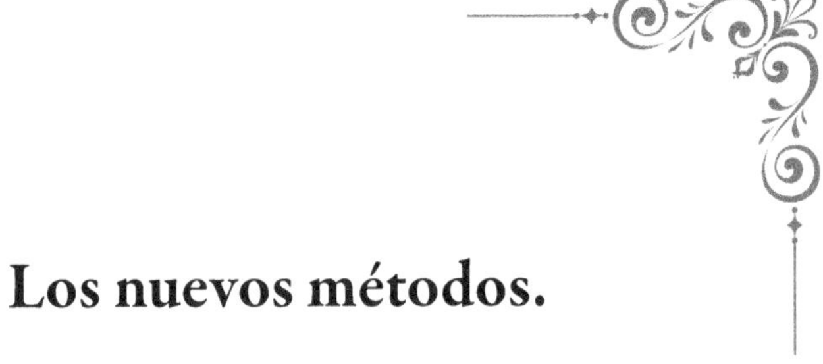

Los nuevos métodos.

Ahora tenemos el método EDP, el método EDP dark, el método jd y el método JD dark y el método JD Mixto.

Método EDP Método EDP dark Método JD Método JD dark Método JD mixto
Divertido Divertido Divertido Divertido Divertido
Desinhibido Desinhibido Desinhibido Desinhibido Desinhibido
Despreocupado Despreocupado Despreocupado Despreocup ado Despreocupado
Estrella Confortable Confortable Confortable Confortable
Confortable Estrella Cómplice Confrontador Confrontador/complice
Bondadoso Confrontador Descarado Confortable Confortable
Confortable Descarado Descarado
Bondadoso

Metodo JD light
Divertido
Desinhibido
Despreocupado
Confortables
Bondadoso
Complice

Los métodos EDP son métodos más lentos y los JD más rápidos.

Tu experimentación ha de ser así:

- JD.
- JD light
- JD mixto.
- JD dark.
- EDP.
- EDP dark.

Errores implementando los métodos EDP, EDP dark y JD dark y JD mixto y JD light.

Confrontación excesiva.

Si hacemos esto la chica se ofenderá y después aunque tratemos de ser bondadosos, de decir, decir que era una broma, no podrás quitar hierro al asunto y la habremos cagado con nuestra excesiva confrontación.

Confrontación insuficiente.

Si la confrontamos muy poco y enseguida decimos que es una broma o es una cosa muy ligera la que decimos, realmente no habremos confrontado y se nos notará que hacemos esta confrontación simplemente por meternos con ella porque ella nos gusta. Así no estamos confrontando nada, ni somos tipos duros, no funcionarán bien los métodos JD o EDP en sus versiones dark.

Estatus de estrella sobreposicionado.

Este pienso que es el error más habitual que se va a cometer, sobreposiciónarte demasiado. Estás recalcando demasiado tiempo y demasiado insistentemente tu estatus de estrella, jactándote y siendo chulesco de más. En definitiva, siendo un prepotente que no la atraerá nada, sino que repelerá mucho. Así que ten cuidado, debes de posicionarte como estrella, pero con humildad, como una anécdota, como algo que lo tienes, pero que no quieres alardear de ello.

Estatus de estrella subposicionado.

Si realmente mencionadas tu estrellato pero no lo vendes bien como algo fantástico, entonces pensará que es una cosa bastante normal y no gozarás de ese estatus de estrella. Debes venderlo pero sin jactancia, ella tiene que ser consciente del poder de este estrellato.

Bondad arrogante.

Tampoco podemos ser bondadosos y estar en actitud paternal con arrogancia, sino con una actitud de verdadero cariño y consideración; no chulescos viéndonos por encima. La jactancia y la chulería ya la hicimos en la confrontación, en todo lo demás tenemos que eliminar estas acciones lo más posible.

Bondad excesiva.

Si usamos el JD light, o el edp, o el edp dark y abusamos de la bondad, esto puede llevartnos a la zona de amigos si no empezamosa tocar y escalar.

Ejemplos prácticos.

Voy a poner aquí algunos ejemplos que demuestran que cualquiera de estos métodos en cualquiera de sus versiones, funcionan.

Realmente pienso que este libro el método EDP es una nueva **Biblia de la seducción** que debe ser leída, releída, y asimilada perfectamente, así como puesta en práctica.

Con estos cinco métodos de seducción no puede haber mujer que se resista a los encantos del sexductor.

Ahora además he rodado tres cursos de seducción. En ellos salgo hablando a cámara explicando todas y cada una de las cuestiones relativas a la seducción. Estos video cursos están en hotmart y todas las plataformas audiovisuales existentes.

De momento los cursos son:

Master Seduction.

El encantador.

Fucking power.

Habrá dos cursos más en breve.

Paso a la historia de cómo apliqué esto.

Pues bien, una vez fui a un lugar como coach de seducción para realizar un trabajo. Estuve varios días en ese lugar, y por las noches interactuaba con las mujeres.

Cuando preguntaban ¿A que me dedicaba? yo decía sin titubeos -Soy coach de seducción, soy un seductor, he venido aquí a trabajar en esto.

Me mostré como estrella de la seducción y mostré nulo interés en seducir a esas mujeres. Alguna me desagradó un poco lo que hacía y la confronté, me metí con ella, le dije lo que pensaba de verdad, importándome una puta mierda ligármela o no ligármela, fui un poquito hasta desagradable.

Luego me di cuenta de que me había pasado y lo enmendé con encanto valoración y un poco hasta de galantería. Noté que esa confrontación le hizo efecto, al día siguiente estaba llamándome queriendo quedar, fui pero no me apetecía mucho estar por ahí con ella y en vez de seducirla me fui a casa y la dejé olvidada, ella continúo llamando pero finalmente no la consideré apta y la dejé sin cerrar porque así me dio la puta gana.

Con otras mujeres en cuanto les dije que era coach de seducción, abrieron los ojos como platos y se mostraron alucinadas y entusiasmadas con esto. Con esta imagen como estrella de la seducción las chicas coqueteaban conmigo, se me acercaban, e incluso alguna llegó a acosar un poco.

A la más interesante le dije que quería que fuese mi manager y que me gestionase varias cuestiones allí. Yo le dije -yo soy la estrella, tu estrella, la manager tiene que estar pendiente **de todas** las necesidades de su estrella.

Estas chulerías yo no sé si fue por el gran encanto, o por la posición de estrella en su cabeza, el caso es que funcionaron de maravilla y esta chica nombrada por mi "mi manager" estuvo todos los días proponiéndome cosas que hacer, sitios donde ir etcétera.

Por supuesto que me ligué a mi manager y la cosa iba bien, pero poco a poco se fue torciendo, cada vez estaba más distante y fría y llegó un punto en que no quería ni besarme. Esto me pareció un agravio muy grave y la confronté. Le dije que no me apetecía verla más, que ya no era mi manager, que no me sentía bien valorado, y que no iba con mujeres que no me valoraban.

Me agrade a mí mismo, fui duro y la abandoné, estuve varios días por ahí a mi aire sin hacerla caso, diciéndole no a sus propuestas y no viéndola. Salí con la otra que también rechacé pues no me acabó de gustar.

A los pocos días después de esta confrontación con la manager empezó a mostrarse mucho más abierta, receptiva, cariñosa y entregada. Me reamigué con ella y finalmente me confesó que tenía un novio y que por eso se comportaba así, pero que yo le gustaba.

Entonces empecé a ser más bondadoso, a tratarla mejor, a ir más con ella, y poco a poco se fue entregando hasta la total consumación.

Y así yendo de estrella, siendo sincero, diciendo a lo que te dedicas, confrontando lo que no te gusta, y siendo bondadoso, cariñoso, agradable y protector, arrasé en ese lugar y tuve un triunfo apoteósico que bien pudieron ser muchos más si me hubiera dedicado un poco más.

Juego interno para usar con los métodos EDP.

Bien, aquí vamos hacer la pantalla mental como siempre, vamos a visualizarnos no como una persona que seduce, sino como **la estrella de la seducción**, el máster Seduction que tiene a las mujeres entusiasmadas. Nos vamos a ver diciéndoles que somos seductores, que somos un Master Seduction, que somos diplomados, que somos la estrella, que queremos que ella lo pase fenomenal, que no vamos usar nuestras artes de seducción con ella, que vamos a ser bondadosos.

Debes imaginártela sorprendiéndose, poniendo cara de chica impactada, impresionada positivamente por esta afirmación.

Después te ves carismático, protector, cariñoso y bondadoso jugando con tu protegida.

Visualiza lo todo perfectamente.

Y ahora como novedad, una vez terminada la visualización, vas a escribir en un papel cómo te sientes, como has visto a esta chica, y a ti, escribe unas cuantas frases sobre cómo te sientes y lo que has visto en tu pantalla mental.

Después, cada día, vas a leer estas frases, que van a empoderarte y que van hacerte sentir, ¡ya!, como la estrella de la seducción.

Ten este papel todas las noches a la vista y lee esto varias veces antes de acostarte y al levantarte. Lo lees todos los días hasta que realmente te creas de verdad que eres la estrella de la seducción.

Interacciones.

Para seducir en gran cantidad tendrás que tener muchas interacciones, esto es súper importante, así que relaciónate cada puto día con mucha gente, sal de casa, ve a eventos, a conferencias, a exposiciones, participa en actividades, métete en grupos de todo tipo y maximiza la gente nueva con la que hablas cada día.

De una vida social intensa salen muchas de las posibilidades. Además es más fácil y menos incomodo que andar abordando en frio. Sé alguien con enorme vida social y podrás poner en práctica bien todos estos métodos.

¡Adelante¡

Fin.

Seducir no solamente es conseguir a la chica, es disfrutar el proceso, es sentirnos magníficos y especiales, por lo tanto estos nuevos métodos EDP y JD te dan poder y te hacen sentir grandes momentos.

Si los pones en práctica bien, tendrás mucho éxito, si lo haces mal será un desastre, depende de ti, de que sea coherente lo que dices, con lo que piensas, de que tengas, total confianza en ti.

Sé grande y brilla, recuerda que tú eres la estrella de la seducción.

Todo esto es un juego, así que,

¡A jugar!

Did you love *El método EDP*? Then you should read *Como materializar lo que deseas con el fxxxxx power*[1] by John Danen!

Hay un poder infinito en ti para materializar aquello que más deseas. La seducción se junta con la ley de la atracción y surge este libro, un libro donde se explica paso a paso como activar y manifestar este poder, el fxxxxx power.

---

1. https://books2read.com/u/bopRk1

2. https://books2read.com/u/bopRk1

Also by John Danen

Seduction 5.0
S.A.X.
Chicas complicadas
Seducción 5.0
El libro del tonto
Macho Alpha
Macho alpha extracto
La seducción después de la pandemia
Terriblemente atractivo
Seducción 5.1
Sedução 5.1
How to be Cool and Attractive
Sedução. Avançada. X.
Garotas complicadas
¡Basta de ser buen chico! Sé un chico malo.
El método JD. El método de seducción de John Danen
El arte de agradarte a ti mismo
¡Basta ya de abusos! ¡Defiéndete!
Enought with the abuse! Defend yourself!
Máster en seducción
Las mujeres. El amor. Y el sexo.
Supera la dependencia emocional
Atrae mujeres con masculinidad
JD Absoluta seducción
El fracaso del amor

Entender a las mujeres

La vida del seductor sinvergüenza y encantador.

El arte de la dureza

Terrivelmente atraente

Deixe de ser um bom da fita! Seja um mauzão.

Superar a dependência emocional

A arte de se agradar

Pare o abuso! Defenda-se!

O fracasso do amor.

O método JD

Don´t Be a Good Boy! Be a Badass

Complicated girls

The Art of Pleasing Yourself

Duro y Sinvergüenza

Mestre en sedução

JD Method

The Failure of Love. The Trap of Serious Relationships

Master in Seduction

A. S. X. Advanced. Seduction. X

Women. Love. Sex

How to Become a Real Man. Be an Alpha Male

Attract Women with Masculinity

JD Absolut Seductión

Understanding Women

The Life of the Shameless and Charming Seducer.

The Art of Toughness

Tough and Shameless

Überwindung der Emotionalen Abhängigkeit

Maître en séduction

Schrecklich Attraktiv

Surmonter la Dépendance Émotionnelle

L'art de la dureté

Die Kunst der Zähigkeit

Hör auf, ein guter Junge zu sein, sei ein böser Junge
Assez D'être un Bon Garçon ! Sois un Mauvais Garçon.
Die Kunst, sich Selbst zu Gefallen
Dur et sans Vergogne
Hart im Nehmen und Schamlos
L'art de se Plaire à soi-Même
Das Scheitern der Liebe
L'échec de L'amour.
Meister der Verführung
Die JD-Methode
Maestro di Seduzione
Terriblement Attrayant
La Méthode JD
Capire le donne
Compreendendo as Mulheres
Comprendre les Femmes
Die Frauen Verstehen
Les Filles Compliquées
Komplizierte Mädchen
JD Séduction Absolue
La Vie du Séducteur Charmant et sans Vergogne
Les Femmes. L'amour. Et le Sexe.
Mâle Alpha
S.A.X.
V.F.X.
Donne. Amore. E il sesso.
Ragazze Complicate
Superare la Dipendenza Emotiva
Seduzione. Avanzata. X.
Dark Seducción
Il Fallimento Dell'amore.
Il Metodo JD
Alphamännchen

Atrair Mulheres com Masculinidade
Attirare le donne con la Mascolinità
Attirer les Femmes par la Masculinité
Mit Männlichkeit Frauen Anziehen
Frauen. Liebe. Und Sex.
L'arte di Piacere a se Stessi
Mulheres. Amor. E Sexo.
JD Seduzione Assoluta
JD Absolute Verführung
JD Sedução Absoluta
Das Leben des charmanten, schamlosen Verführers
Smettila di Fare il Bravo Ragazzo! Essere un Cattivo Ragazzo.
La Vita del Seduttore Affascinante e Spudorato
A Vida do Sedutor Encantador e sem Vergonha
Macho Alfa
Uomo Alfa
Séduction 5.0
Verführung 5.0
Seduzione 5.0
Duro e Senza Vergogna
Duro e Sem Vergonha
L'arte della Durezza
A Arte da Dureza
The Fool's Book
Das Buch der Dummköpfe
Il Libro dei Pazzi
O Livro do Tolo
Dark Seduction
Dunkle Verführung
Sedução Escura
Dark Seduction
Seduzione Oscura
Le livre du fou

Como materializar lo que deseas con el fxxxxxx power
Como materializar o que você quer com o Fxxxxxx Power
El ángel Sex-terminador
El seductor vampiro
O Vampiro Sedutor
Sex-Terminating Angel
The Vampire Seducer
How to Materialize What You Want With The Fxxxxxx Power
El camino del maestro
Il vampiro seduttore
O camiño do mestre
La via del maestro
Der verführerische Vampir
Le sedusant vampire
Der Weg des Meisters
La voie du maître de la séduction
Master's Path
Come materializzare ciò che si desidera con il Fxxxxxx Power
Wie Sie Ihre Wünsche verwirklichen können mit dem Fxxxxxx Power
El método EDP
O método EDP
The E.D.P. Method
Comment matérialiser ce que vous désirez avec le Fxxxxxx power
El hombre invencible
The EDP Method
O Homem Invencivel
l´Homme Invincible
l´Uomo Invincible
Der unbesiegbare Mann
Invincible Man
O Anjo Sex-Exterminador
La Méthode EDD
L'ange Sex-exterminateur

El detector
Mastermind JD

About the Author

Español.

Soy un hombre vividor y divertido que busca el lado bueno de las cosas siempre.

Mi experiencia es el campo de las relaciones personales y de la seducción. Por eso tras dedicarme larguísimas décadas a ello, quiero trasmitir mis conocimientos. Para que las nuevas generaciones tengan unos conceptos que les den una ventaja competitiva sostenible y poderosa en el campo del amor.

Quiero ayudarte a a conseguir tus metas.

Portugués.

Sou um homem animado, e divertido, que sempre procura o lado bom das coisas.

Minha experiência está no campo das relações pessoais e da sedução. É por isso que, após décadas de dedicação a ela, quero transmitir meus conhecimentos.

Quero ajudá-los a alcançar seus objetivos.

Inglés

I am a lively and fun man, who always looks for the good side of things.

My experience is in the field of personal relationships and seduction. That is why, after decades of dedicating myself to it, I want to pass on my knowledge. So that the new generations have concepts that give them a sustainable and powerful competitive advantage in the field of love.

I want to help you achieve your goals

Français Je suis un homme vif et drôle qui cherche toujours le bon côté des choses.

Mon expérience se situe dans le domaine des relations personnelles et de la séduction. C'est pourquoi, après m'y être consacré pendant des décennies, je veux transmettre mes connaissances. Pour que les nouvelles générations disposent de concepts qui leur donnent un avantage concurrentiel durable et puissant dans le domaine de l'amour.

Je veux vous aider à atteindre vos objectifs.

www.ingramcontent.com/pod-product-compliance
Lightning Source LLC
Chambersburg PA
CBHW052202150726

48002CB00003B/1093